ụlọ akwụkwọ - школа	2
njem - путешествие	5
njem - транспорт	8
obodo - город	10
odida obodo - ландшафт	14
ụlọ oriri na ọnụnụ - ресторан	17
ụlọ ahịa - супермаркет	20
ihe ọnụnụ - напитки	22
nri - еда	23
ugbo - ферма	27
ụlọ - дом	31
ime ụlọ ezumike - гостиная	33
usekwu - кухня	35
ụlọ ịsa ahụ - ванная комната	38
ụlọ nwa - детская комната	42
uwe - одежда	44
ụlọ ọrụ - офис	49
akụnụba - экономика	51
aka ọrụ - профессии	53
ngwaọrụ - инструменты	56
ngwa egwu - музыкальные инструменты	57
zuu - зоопарк	59
egwuregwu - спорт	62
ihe omume - действия	63
ezinụlọ - семья	67
ahụ - тело	68
ụlọ ọgwụ - больница	72
mberede - неотложный случай	76
Ụwa - земля	77
elekere - часы	79
izu - неделя	80
afọ - год	81
ụdị - формы	83
na agba - цвета	84
mmegide - противоположности	85
nọmba - цифры	88
asụsụ - языки	90
onye / ihe / olee - кто / что / как	91
ebee - где	92

Impressum
Verlag: BABADADA GmbH, Nedderfeld 112 , 22529 Hamburg
Geschäftsführer / Verlagsleitung: Harald Hof
Druck: Books on Demand GmbH, In de Tarpen 42, 22848 Norderstedt

Imprint
Publisher: BABADADA GmbH, Nedderfeld 112 , 22529 Hamburg, Germany
Managing Director / Publishing direction: Harald Hof
Print: Books on Demand GmbH, In de Tarpen 42, 22848 Norderstedt, Germany

ụlọ akwụkwọ
школа

- nkewa — делить
- obosara — доска
- n'ime ụlọ akwụkwọ — классная комната
- ogige ụlọ akwụkwọ — школьный двор
- onye nkuzi — учитель
- akwukwo — бумага
- dee — писать
- mkpịsị ode akwụkwọ — ручка
- письменный стол
- ngwaoru eji atu ihe osise — линейка
- akwụkwọ — книга
- nwa akwụkwọ — ученик

akpa
ранец

akpa pensụl
пенал

pensụl
карандаш

nkọ pensụl
точилка

rọba
ластик

obosara ihe osise
альбом для рисования

ihe osise
рисунок

ahịhịa agba
кисточка

igbe agba
коробка красок

mkpa
ножницы

mmapa
клей

akwụkwọ mmega
тетрадь

ọrụ omume ulo
домашняя работа

nọmba
цифра

tinye
прибавлять

wepụ
вычитать

ba uba
умножать

gbakọọ
считать

ozi
буква

abiichii
алфавит

okwu
слово

ụlọ akwụkwọ - школа

ederede	gụọ	nzu
текст	читать	мел

ihe mmụta	deba aha	ule
урок	классный журнал	экзамен

asambodo	uwe ụlọ akwụkwọ	agumakwukwo
диплом	школьная форма	образование

akwụkwọ nkà ihe ọmụma	mahadum	mikroskopu
энциклопедия	университет	микроскоп

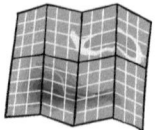 

maapụ	nkata-ahihia
карта	корзина для бумаг

ụlọ akwụkwọ - школа

njem
путешествие

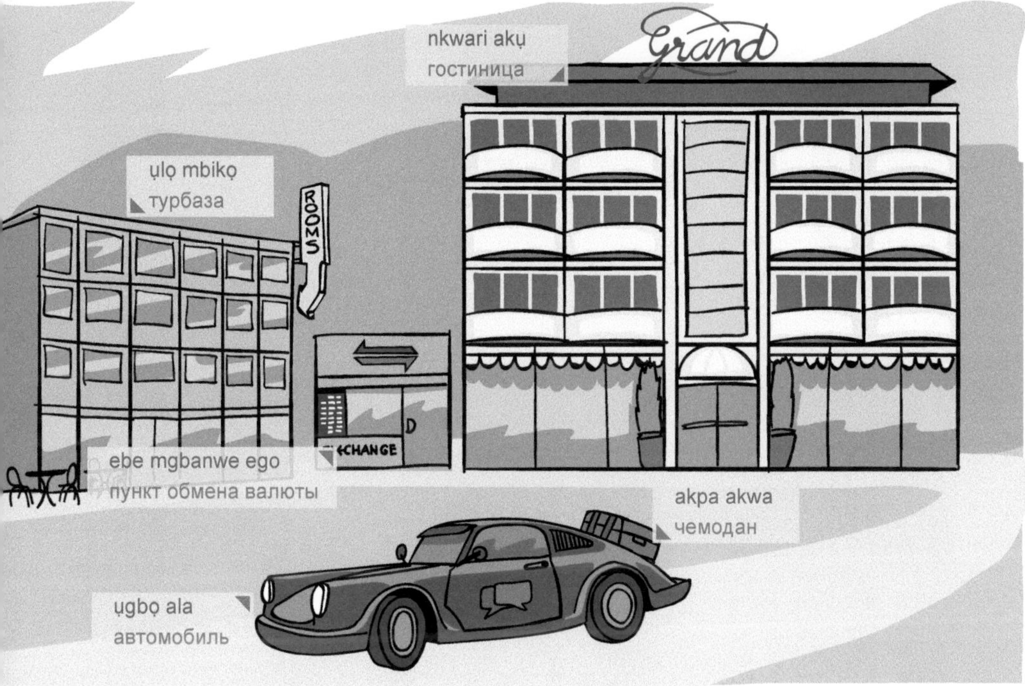

nkwari akụ
гостиница
Grand
ụlọ mbikọ
турбаза
ROOMS
ebe mgbanwe ego
пункт обмена валюты
akpa akwa
чемодан
ụgbọ ala
автомобиль

asụsụ

язык

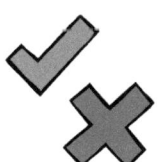

ee / mba

да / нет

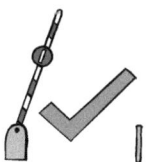

Ọdịkwa mma

хорошо

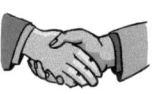

nnọọ

Привет

onye ntughari

переводчик

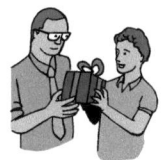

Daalụ

Спасибо

ego ole bụ…?
Сколько стоит…?

Aghọtaghị m
Я не понимаю

nsogbu
проблема

Mgbede ọma!
Добрый вечер!

Ụtụtụ ọma!
Доброе утро!

Ka chifoo!
Доброй ночи!

ka ọ dị
До свидания

ntụziaka
направление

ibu
багаж

akpa
сумка

akpa azu
рюкзак

ọbịa
гость

ime ụlọ
комната

akpa ụra
спальный мешок

ụlọikwuu
палатка

njem - путешествие

ozi njem nleta

туристическая информация

osimiri

пляж

kaadị akwụmụgwọ

кредитная карточка

nri ụtụtụ

завтрак

nri ehihie

обед

nri abalị

ужин

tiketi

билет

mbuli

лифт

stampụ

почтовая марка

ókè

граница

ndị kọstọm

таможня

ụlọ ọrụ nnọchite anya obodo

посольство

visa

виза

paspọtụ

паспорт

njem - путешествие

njem
транспорт

ụgbọelu — самолёт

ụgbọ mmiri — корабль

ọkụ ingin — пожарный автомобиль

gwongworo — грузовик

bọs — автобус

ụgbọ mmiri — моторная лодка

ụgbọ ala — автомобиль

ọgbatụmtụm — велосипед

ugbo

паром

ụgbọ mmiri

лодка

ọgba tum tum

мотоцикл

ụgbọ ala uwe ojii

полицейский автомобиль

ụgbọ ala na-agba ọsọ

гоночный автомобиль

ụgbọ ala mgbazinye

арендованный автомобиль

nkekọrịta ụgbọ ala

совместное пользование автомобилями

gwongworo

буксировочный автомобиль

ụgbọala ntufu ahihia

мусоровоз

moto

двигатель

mmanụ ụgbọala

топливо

ebe ana ere mmanu

заправка

akara okporo ụzọ

дорожный знак

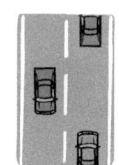

okporo ụzọ

движение

mkpọchị okporo ụzọ

пробка

odu ụgbọ ala

автостоянка

ọdụ ụgbọ oloko

вокзал

ụzọ

рельсы

ụgbọ oloko

поезд

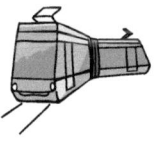

ụgbọ oloko

трамвай

ajụjụ

вагон

njem - транспорт

helikopta

вертолёт

ọdụ ụgbọ elu

аэропорт

ụlọ elu

вышка

onye njem

пассажир

akpa

контейнер

katọn

коробка

ụgbọ ibu

тележка

nkata

корзина

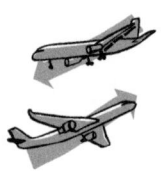

gbapụ / ala

взлетать / приземляться

obodo

город

obodo

деревня

etiti obodo

центр города

ụlọ

дом

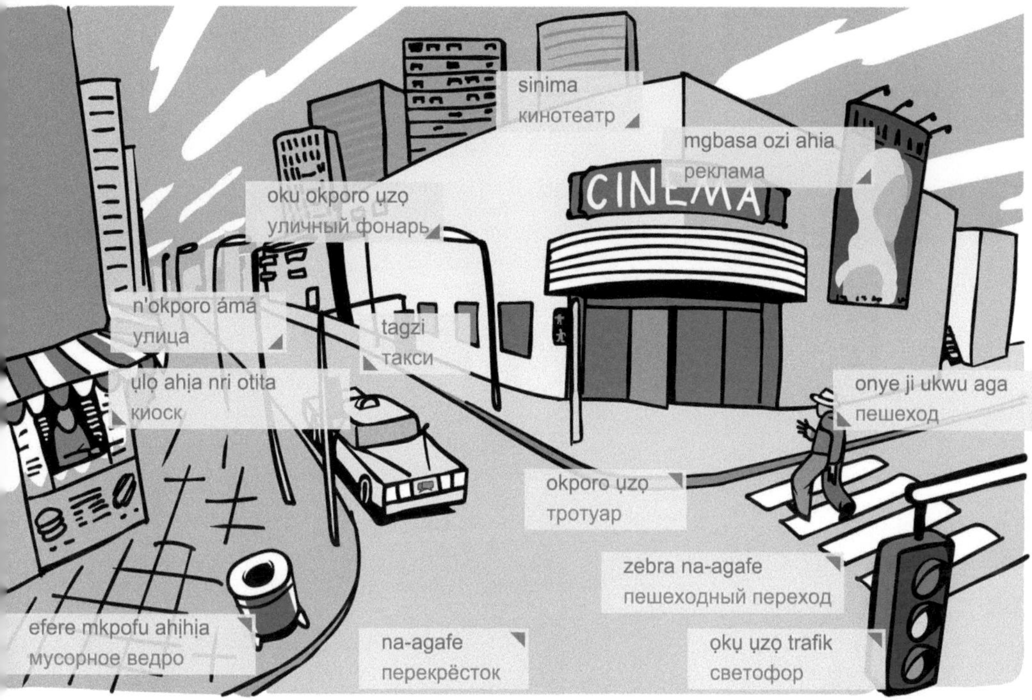

sinima
кинотеатр

mgbasa ozi ahia
реклама

oku okporo uzo
уличный фонарь

n'okporo ámá
улица

tagzi
такси

ulo ahia nri otita
киоск

onye ji ukwu aga
пешеход

okporo uzo
тротуар

zebra na-agafe
пешеходный переход

efere mkpofu ahihia
мусорное ведро

na-agafe
перекрёсток

oku uzo trafik
светофор

obi
хижина

ohiha
квартира

odu ugbo oloko
вокзал

nnukwu onu ulo obodo
ратуша

ihe ngosi nka
музей

ulo akwukwo
школа

obodo - город

mahadum

университет

ụlọ akụ

банк

ụlọ ọgwụ

больница

nkwari akụ

гостиница

ahịa ọgwụ

аптека

ụlọ ọrụ

офис

ụlọ ahịa akwụkwọ

книжный магазин

ụlọ ahịa

магазин

onye ore fulawa

цветочный магазин

ụlọ ahịa

супермаркет

ahịa

рынок

ngalaba ụlọ ahịa

универмаг

onye azu

торговец рыбой

ụlọ ahịa

торговый центр

ọdụ ụgbọ mmiri

порт

obodo - город

ogige
парк

oche
скамейка

akwa ngafe
мост

steepụ
лестница

n'okpuruala
метро

ọwara
тоннель

ebe bọs na-akwụsị
автобусная остановка

ụlọ mmanya
бар

ụlọ oriri na ọṅụṅụ
ресторан

igbe akwụkwọ ozi
почтовый ящик

akara okporo ụzọ
табличка с названием улицы

igwe nnara ego ndọba ụgbọala
паркометр

zuu
зоопарк

ebe igwu mmiri
бассейн

ụlọ alakụba
мечеть

obodo - город

ugbo
ферма

mmeto
загрязнение окружающей среды

ili
кладбище

ụlọ ụka
церковь

ama egwuregwu
детская площадка

ụlọnsọ
храм

odida obodo
ландшафт

akwụkwọ nri
лист

akara
дорожный указатель

ụzọ
дорога

ahịhịa
луг

nkume
камень

osisi
дерево

onye njem
путешественник

osimiri
река

ahịhịa
трава

ifuru
цветок

ndagwurugwu
долина

ugwu
гора

ọdọ mmiri
озеро

ọhịa
лес

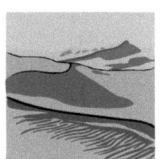

ọzara
пустыня

ugwu mgbawa
вулкан

nnukwu ụlọ
замок

eke mmiri
радуга

ero
гриб

nkwụ
пальма

anwụnta
комар

ofufe
муха

agbeshi
муравей

aṅụ
пчела

ududo
паук

odida obodo - ландшафт

ahụhụ
жук

awọ
лягушка

osa
белка

oke ọhịa
еж

oke oyibo
заяц

ikwiikwii
сова

nnụnụ
птица

Agbanye
лебедь

ezi ọhịa
кабан

mgbada
олень

anụ ọhịa
лось

ihe mgbochi mmiri
плотина

ikuku igwe
ветряной генератор

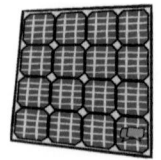

igwe anwụ
солнечная батарея

ihu igwe
климат

ụlọ oriri na ọnụnụ
ресторан

onye na-ebu nri
официант

ndeputa nri
меню

oche
стул

ofe
суп

pizza
пицца

ngaji na nma
столовые приборы

ákwà tebụl
скатерть

mbịdo
закуска

isi nri
главное блюдо

mmeju nri
десерт

ihe ọnụnụ
напитки

nri
еда

karama
бутылка

nri ngwa ngwa
фастфуд

nri n'okporo ámá
уличная еда

ketulu tii
чайник

nnukwu efere shuga
сахарница

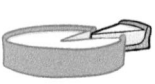
òkè
порция

igwe kofi
кофеварка

oche dị elu
детский стульчик

ụgwọ
счет

efere obosara
поднос

nma
нож

ndụdụ
вилка

ngaji
ложка

ngaji tii
чайная ложка

akwụkwọ oche
салфетка

iko
стакан

ụlọ oriri na ọnụnụ - ресторан

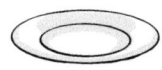

efere
тарелка

efere ofe
суповая тарелка

efere ihendori
блюдце

ihendori
соус

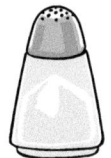

ite nnu
солонка

igwe ose
мельница для перца

mmanya gbara ụka
уксус

mmanụ
масло

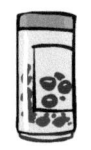 

ngwa nri
специи

ihe ndori
кетчуп

mọstad
горчица

mayonezi
майонез

ụlọ ahịa
супермаркет

onyinye pụrụ iche
специальное предложение

onye ahịa
покупатель

mmiri ara ehi
молочные продукты

mkpụrụ osisi
фрукты

ihe nyaghari
тележка для покупок

igbu anụ

мясной магазин

onye ome achịcha

пекарня

tụọ

взвешивать

akwụkwọ nri

овощи

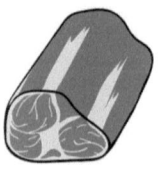

anụ

мясо

nri oyi kpọnwụrụ

быстрозамороженные продукты

20   ụlọ ahịa - супермаркет

anụ oyi

нарезка

nri komkom

консервы

ntụ ọsịsa

стиральный порошок

ihe ụtọ

сладости

ngwaahịa ụlọ

предмет домашнего обихода

ngwaahịa nhicha

моющее средство

onye n'ere ahia

продавщица

rue

касса

onye okwu ugwo

кассир

ndepụta izụ ahịa

список покупок

awa mmepe

время работы

obere akpa

бумажник

kaadị akwụmụgwọ

кредитная карточка

akpa

сумка

akpa rọba

полиэтиленовый пакет

ụlọ ahịa - супермаркет

ihe ọnụnụ
напитки

mmiri
вода

ihe ọnụọnụ
сок

mmiri ara
молоко

mmanya otobiri kooku
кока-кола

mmanya
вино

biya
пиво

mmanya na egbu egbu
алкоголь

koko
какао

tii
чай

kọfị
кофе

kofi
эспрессо

cappuccino
капучино

nri
еда

unere

банан

apụl

яблоко

oroma

апельсин

egwusi

арбуз

oroma nkịrịsị

лимон

karọt

морковь

galiki

чеснок

achara

бамбук

yabasị

лук

ero

гриб

akụ

орехи

nri eriri

лапша

spaghetti	osikapa	nri ahihia
спагетти	рис	салат

ibe	nduku eghere eghe	pizza
картофель фри	жареный картофель	пицца

achicha	sanwichi	anụ
гамбургер	сэндвич	шницель

apata ụkwụ ezi	salami	sọseeji
ветчина	салями	колбаса

ọkụkọ	ihunuoku	azụ
курица	жаркое	рыба

nri ọka
овсяные хлопья

nri ututu
мюсли

ọka
кукурузные хлопья

ntụ ọka
мука

achịcha
круассан

mpiakọta achịcha
булочка

achịcha
хлеб

tost
тост

biskit
печенье

bọta
масло

achịcha
творог

achicha
пирог

akwa
яйцо

akwa eghere eghe
яичница

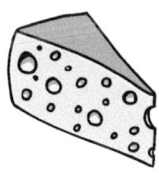
chiiz
сыр

ihe nracha
мороженое

shuga
сахар

mmanụ añụ
мёд

jam
мармелад

gbasaa shuga
крем с нугой

kọrị
карри

ugbo
ферма

ụlọ ọrụ ubi
крестьянский дом

n'ọba
сарай

ahịhịa bale
тюк из соломы

ubi
поле

ịnyịnya
лошадь

ugbọala na-adọkpụ ụgbọ
прицеп

nwa ewu
жеребёнок

traktọ
трактор

ịnyịnya ibu
осёл

nwa atụrụ
ягнёнок

atụrụ
овца

mkpi
коза

ehi
корова

nwa ehi
телёнок

ezi
свинья

nwa ezi
поросёнок

ehi
бык

ugbo - ферма

ogazi
гусь

odoguma
утка

nwa okuko
цыплёнок

nne okuko
курица

oke okpa
петух

oke
крыса

pusi
кошка

oke
мышь

ehi
вол

nkita
собака

nkita ulo
конура

paipu nhicha ogige
садовый шланг

iko mgbara mmiri
лейка

scythe
коса

iko
плуг

28   ugbo - ферма

mma ọhịa
серп

ogu
мотыга

fọk ahihia
навозные вилы

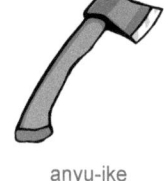

anyu-ike
топор

wiilbaro
тачка

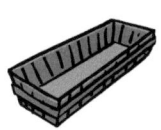

ubi
корыто

komkom mmiri ara ehi
бидон для молока

akpa
мешок

ngere
забор

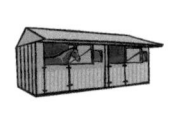

ụlọanụ
хлев

ulo glaasi
теплица

ala
почва

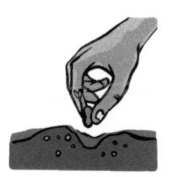

mkpụrụ
посев

fatịlaịza
удобрение

njikọta ihe ubi
комбайн

ugbo - ферма

owuwe ihe ubi
собирать урожай

owuwe ihe ubi
урожай

ji
ямс

ọka wit
пшеница

soya
соя

nduku
картофель

ọka
кукуруза

mkpụrụ osisi
рапс

osisi mkpụrụ osisi
фруктовое дерево

akpu
маниок

nri ọka
злаки

ugbo - ферма

ụlọ
дом

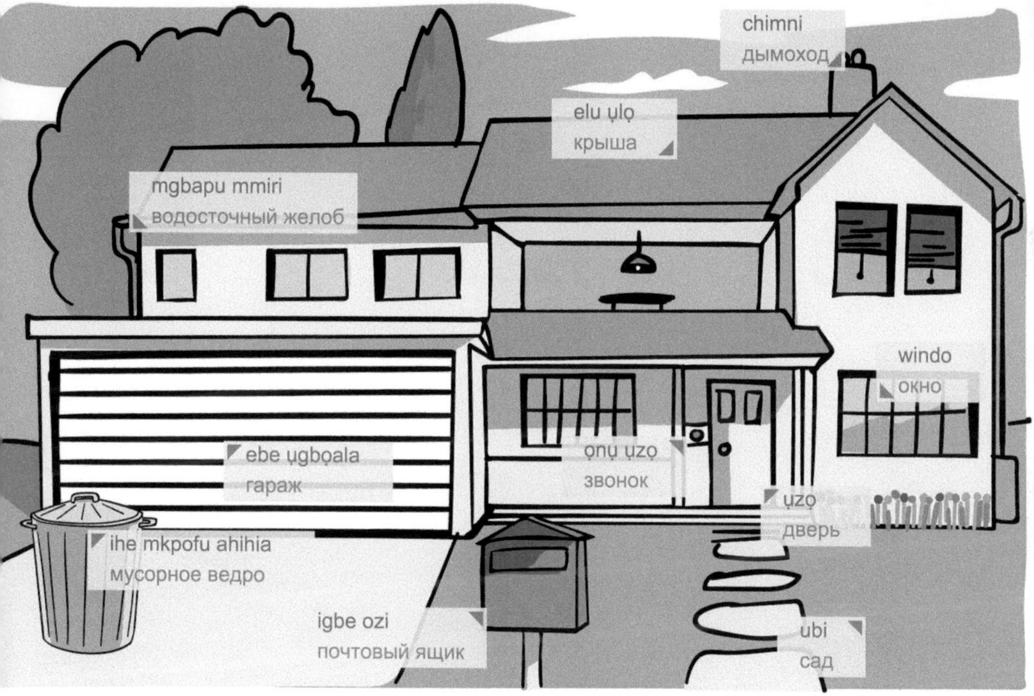

- chimni — дымоход
- elu ụlọ — крыша
- mgbapu mmiri — водосточный желоб
- ebe ụgbọala — гараж
- ihe mkpofu ahihia — мусорное ведро
- igbe ozi — почтовый ящик
- ọnụ ụzọ — звонок
- windo — окно
- ụzọ — дверь
- ubi — сад

ime ụlọ ezumike

гостиная

ụlọ ịsa ahụ

ванная комната

usekwu

кухня

ime ụlọ

спальня

ụlọ nwa

детская комната

ime ụlọ erimeri

столовая

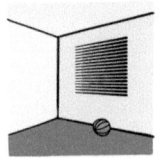

ala
пол

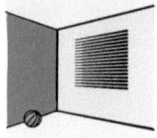

mgbidi
стена

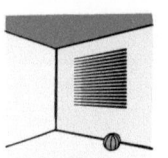

uko ụlọ
потолок

okpuru ụlọ
подвал

sawụna
сауна

ihu mbara
балкон

mbara ihu ulo
терраса

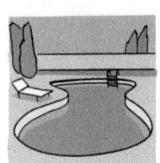

ọdọ mmiri
бассейн

igwe eji asụ ahịhịa
газонокосилка

mpempe akwụkwọ
пододеяльник

ihe ndina akwa
покрывало

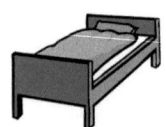

akwa ndina
кровать

aziza
метла

bọket
ведро

mgba ọkụ
выключатель

ụlọ - дом

ime ụlọ ezumike
гостиная

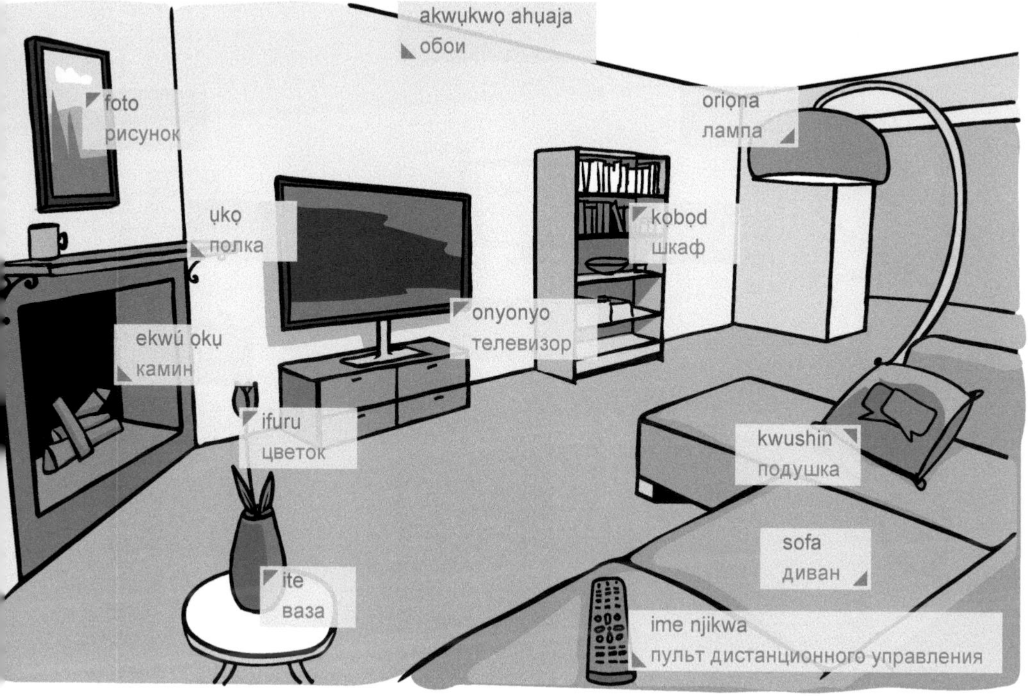

akwụkwọ ahụaja
обои

foto
рисунок

oriọna
лампа

ụkọ
полка

kobọd
шкаф

ekwú ọkụ
камин

onyonyo
телевизор

ifuru
цветок

kwushin
подушка

ite
ваза

sofa
диван

ime njikwa
пульт дистанционного управления

kapeeti
ковёр

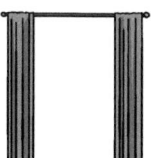

ákwà mgbochi
штора

tebụl
стол

oche
стул

mkpatụ oche
кресло-качалка

oche
кресло

akwụkwọ
книга

akwa mkpuchi
покрывало

ihe ochicho mma
украшение

nkụ
дрова

ihe nkiri
фильм

ngwa hi-fi
стереосистема

igodo
ключ

akwụkwọ akụkọ
газета

eserese
картина

posta
плакат

redio
радио

akwụkwọ ozi
блокнот

igwe nhicha ala
пылесос

kaktus
кактус

kandụl
свеча

ime ụlọ ezumike - гостиная

usekwu
кухня

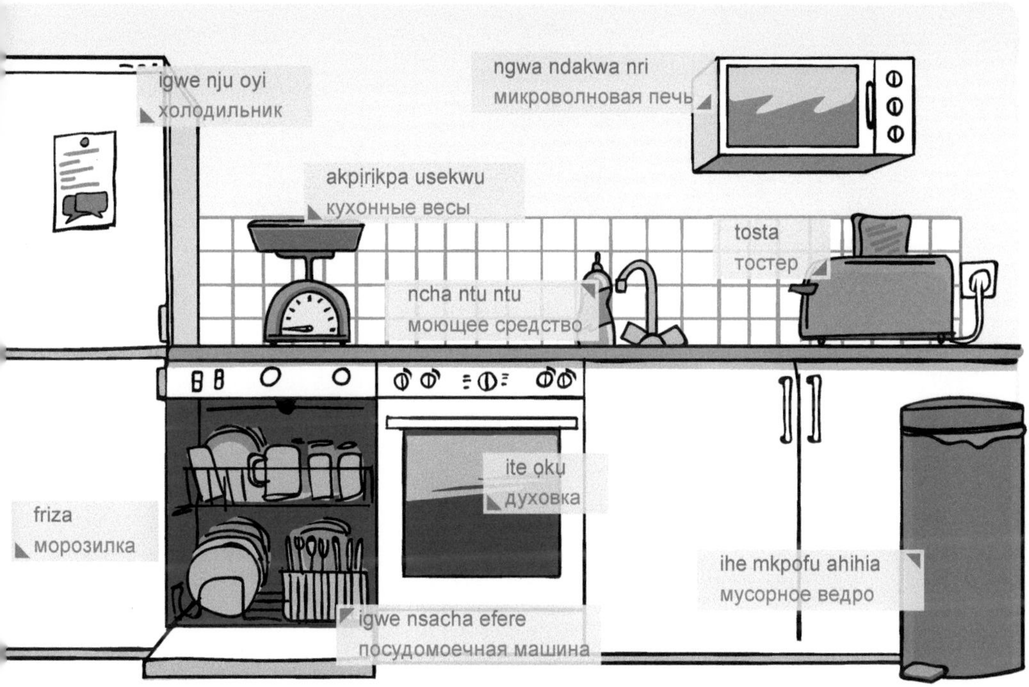

- igwe nju oyi — холодильник
- ngwa ndakwa nri — микроволновая печь
- akpịrịkpa usekwu — кухонные весы
- tosta — тостер
- ncha ntu ntu — моющее средство
- ite ọkụ — духовка
- friza — морозилка
- ihe mkpofu ahịhịa — мусорное ведро
- igwe nsacha efere — посудомоечная машина

osi ite
плита

ite
кастрюля

ite-igwe
чугунный котелок

wok / kadai
вок / кадай

ite mmanụ ọkụ
сковорода

ketulu
чайник

usekwu - кухня

ụzọkụ

пароварка

efere nri

противень

ite mmiri

посуда

iko

кружка

nnukwu efere

миска

osisi

палочки для еды

ngazi

половник

ngazi mmanụ ọkụ

лопатка

ntụgharị

сбивалка

nje

сито

nyọ

сито

nkwọ

тёрка

ikwe

ступка

anụ mmịkpọ

гриль

imeghe oku

костёр

boodu ncha ihe

доска

osisi mgbati

скалка

ihe mmeghe mmanya

штопор

komkom

жестяная банка

ihe mmeghe komkom

консервный нож

ite njide

прихватка

efere nsacha

раковина

ihe nsa eze

щетка

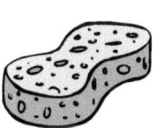

ogbo

губка

nkwori

миксер

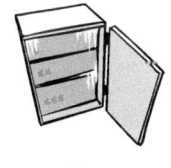

friza

морозильная камера

karama nwa

бутылочка для кормления

mkpopu mmiri

кран

usekwu - кухня

ụlọ ịsa ahụ
ванная комната

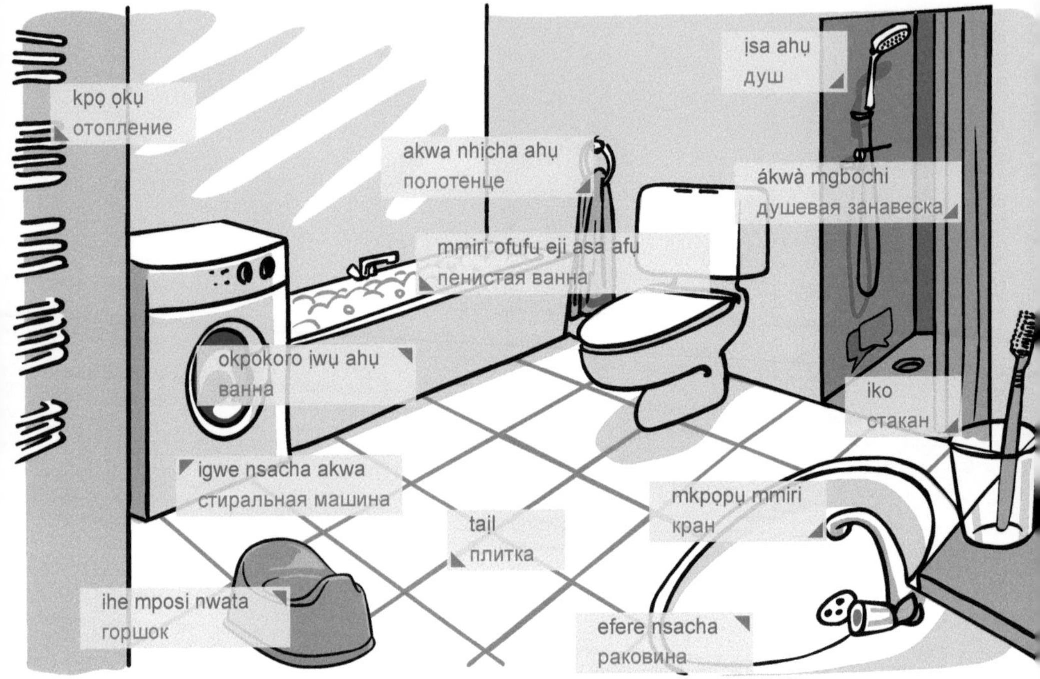

- ịsa ahụ — душ
- kpọ ọkụ — отопление
- akwa nhịcha ahụ — полотенце
- ákwà mgbochi — душевая занавеска
- mmiri ofufu eji asa afụ — пенистая ванна
- okpokoro iwụ ahụ — ванна
- iko — стакан
- igwe nsacha akwa — стиральная машина
- taịl — плитка
- mkpọrụ mmiri — кран
- ihe mposi nwata — горшок
- efere nsacha — раковина

ụlọ mposi

туалет

mposi squat

напольный унитаз

basin eji asa ebe nzuzo ahu

биде

ebe inyu mmamịrị oha

писсуар

akwụkwọ mposi

туалетная бумага

ahihia ụlọ mposi

ершик

brọsh

зубная щетка

ihe nhicha eze

зубная паста

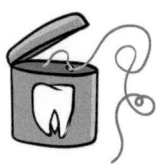

nhicha eze

зубная нить

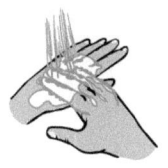

saa

мыть

ịsa aka

ручной душ

isa mmiri showa

интимный душ

nnukwu efere nsacha

таз

agba ahịhịa eji ete penti

щетка для спины

ncha

мыло

ncha mmiri nsa ahu

гель для душа

ncha ntutu

шампунь

uwe ajiajuru

мочалка

mgbapu mmiri

сток

ude

крем

senti

дезодорант

ụlọ ịsa ahụ - ванная комната

enyo
зеркало

enyo aka
ручное зеркало

rezo
бритва

ụfụfụ ịkpụ afụ
пена для бритья

mgbe emechara aji
лосьон после бритья

mbo
расческа

ahịhịa
щетка

okponku ntutu
фен

Ihe mmiri ana agba na isi
лак для волос

ntecha
косметика

mmanụ ọnụ
губная помада

ntecha mbọ aka
лак для ногтей

owu
вата

mkpa mbọ aka
маникюрные ножницы

senti
духи

ụlọ ịsa ahụ - ванная комната

akpa uwe
косметичка

oche
табуретка

erikpu
весы

akwa towelu
халат

gloovu roba
резиновые перчатки

ihe mkpuchi obara ogbugbua
тампон

ihe mkpuchi nso nwanyi
гигиеническая прокладка

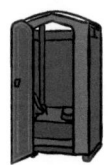
ụlọ mposi
биотуалет

ụlọ ịsa ahụ - ванная комната

ụlọ nwa

детская комната

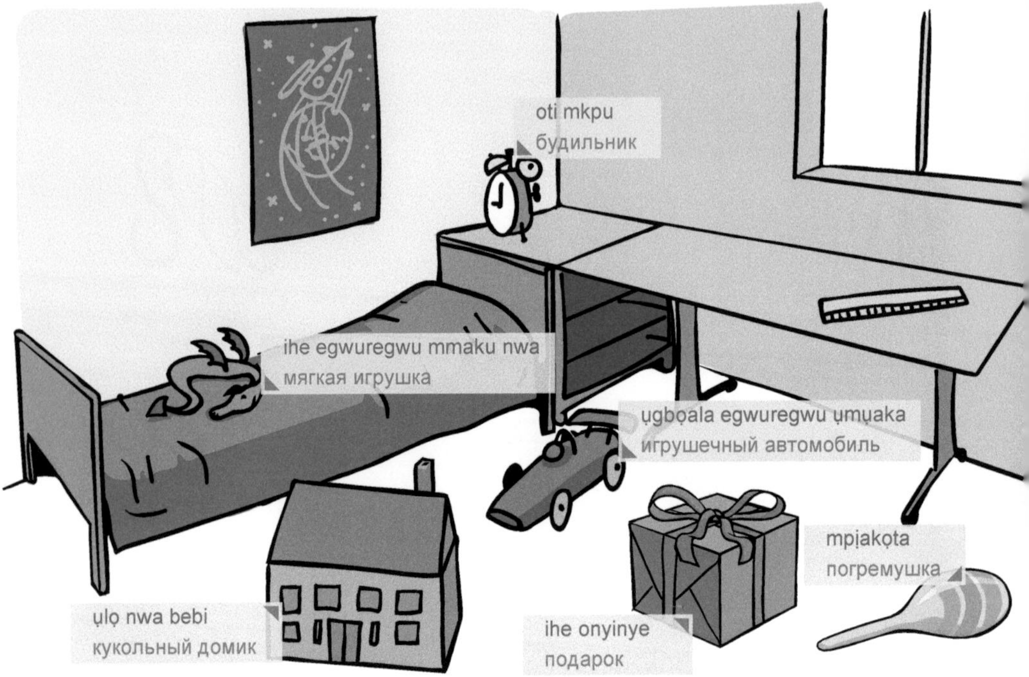

oti mkpu
будильник
ihe egwuregwu mmaku nwa
мягкая игрушка
ụgbọala egwuregwu ụmụaka
игрушечный автомобиль
mpịakọta
погремушка
ụlọ nwa bebi
кукольный домик
ihe onyinye
подарок

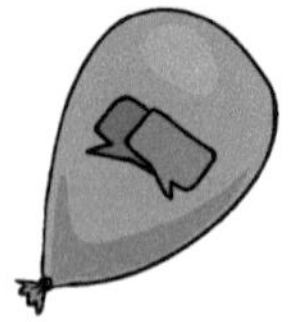

balun

воздушный шар

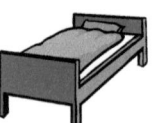

akwa ndina

кровать

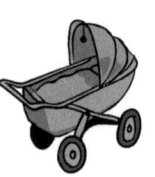

ihe obu nwa

детская коляска

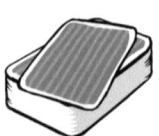

oche kaadị

карточная игра

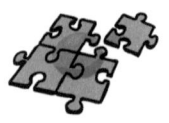

egwuregwu mgbagwoju anya

пазл

SUPER MEGA

na-atọ ọchị

комикс

lego brik

кирпичики Лего

ihe owuwu ụlọ

кубики

ihe ngosi ogụ

игрушечная фигурка

utonwa

ползунки

ihe egwuregwu diski na efe efe

фрисби

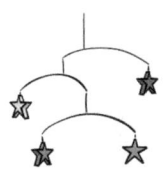

mbughari

мобиле

bọọdụ egwuregwu

настольная игра

dais

кубик

nlereanya ụgbọ okporo ígwè

модель железной дороги

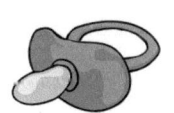

ihe oyiri mmadu eji egosi akwa

соска

otu

вечеринка

akwụkwọ foto

книга с картинками

bọọlụ

мяч

nwa bebi

кукла

kpọọ

играть

ụlọ nwa - детская комната

olulu aja
песочница

janglova
качели

ihe egwuregwu gasi
игрушка

ihe egwuregwu vidiyo
игровая приставка

ogbatumtum
трёхколесный велосипед

ihe egwuregwu ụmụaka
плюшевый медвежонок

wodrobu
шкаф для одежды

uwe
одежда

sọks
носки

sọks
чулки

uwe ime ahu
колготки

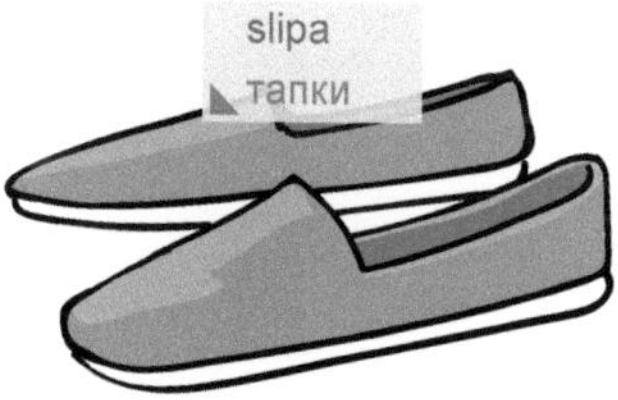

ichafụ
шарф

nche anwụ
зонтик

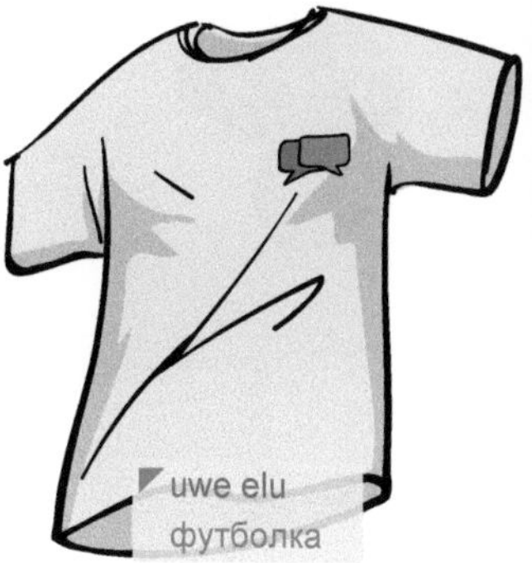

uwe elu
футболка

eriri ukwu
ремень

akpụkpọ ụkwụ
сапоги

slipa
тапки

akpụkpọ ụkwụ njem
кроссовки

akpụkpọ ụkwụ
сандалии

akpụkpọ ụkwụ
ботинки

akpụkpọ ụkwụ roba
резиновые сапоги

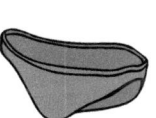

uwe ime ahụ
трусы

efe ara
бюстгальтер

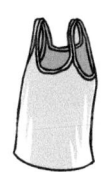

uwe na enweghi aka
майка

uwe - одежда

ahụ
боди

trauza
брюки

trauza siri ike
джинсы

sket
юбка

uwe elu nwanyị
блузка

uwe elu
рубашка

akwa njuoyi eji isi eyi
свитер

uwe njuoyi
свитер

jakeeti
спортивная куртка

jakeeti
жакет

ochu oyi uwe elu
пальто

akwa mmiri
плащ

ekike
костюм

uwe ogologo
платье

uwe agbamakwụkwọ
свадебное платье

uwe - одежда

uwe suutu
мужской костюм

uwe abalị
ночная сорочка

pajamas
пижама

uwe umunwanyi Indian
сари

mkpuchi isi
платок

okpu
тюрбан

akwa mkpuchi ihu
паранджа

uwe ogologo nwanyi
кафтан

abaya
абайя

akwa mmiri
купальник

uwe eji egwu mmiri
плавки

nịịka
шорты

uwe mmega ahụ
спортивный костюм

uwe nchekwa
фартук

uwe aka
перчатки

botinu
пуговица

ugegbe anya
очки

mgbaaka
браслет

eriri olu
цепочка

mgbanaka
кольцо

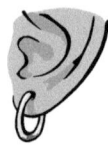

ola nti
серьга

okpu
шапка

ihe nkowe uwe elu
вешалка

okpu
шляпа

tai
галстук

nzichi
застежка молния

okpu agha
шлем

ihe njide eze
подтяжки

uwe ụlọ akwụkwọ
школьная форма

mbonotu
форма

uwe - одежда

ọghọ nri nwa
детский нагрудник

ihe oyiri mmadu eji egosi akwa
соска

akwa nwanye nwa
подгузник

ụlọ ọrụ
офис

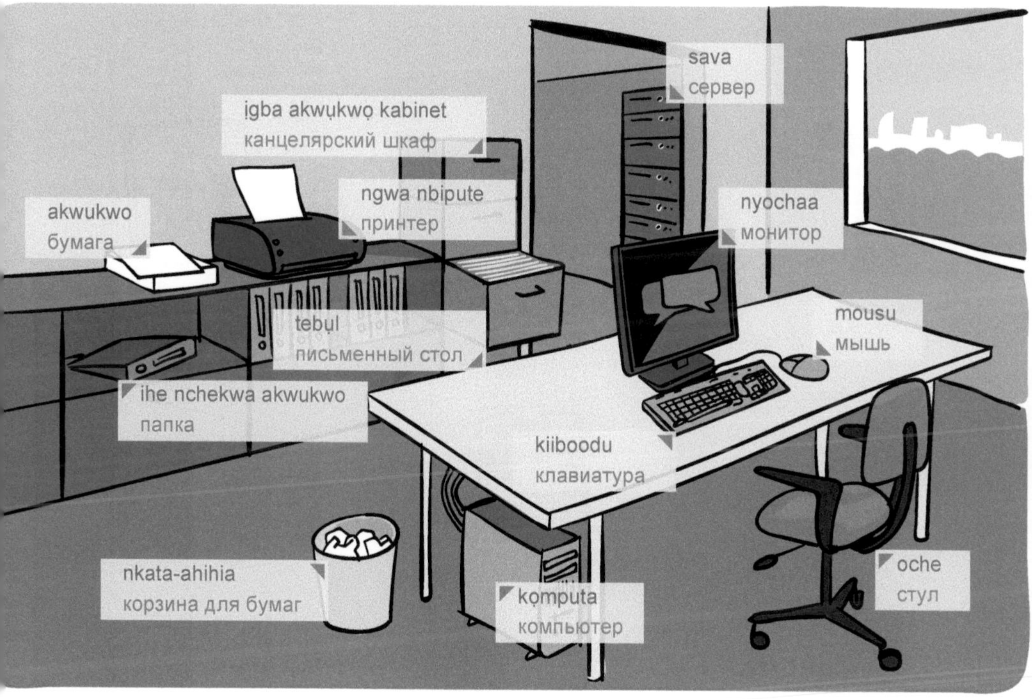

- sava — сервер
- igba akwụkwọ kabinet — канцелярский шкаф
- ngwa nbipute — принтер
- nyochaa — монитор
- akwukwo — бумага
- tebul — письменный стол
- mousu — мышь
- ihe nchekwa akwukwo — папка
- kiiboodu — клавиатура
- nkata-ahihia — корзина для бумаг
- komputa — компьютер
- oche — стул

iko kọfị
кофейная кружка

igwe mgbakọ
калькулятор

intaneti
интернет

ụlọ ọrụ - офис

laptọọpụ
ноутбук

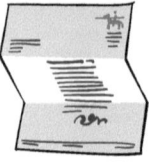
leta
письмо

ozi
сообщение

mkpanaka
мобильный телефон

netwọk
сеть

ihe mbiputa
ксерокс

ngwanrọ
программа

ekwentị
телефон

ebe nkwụnye
розетка

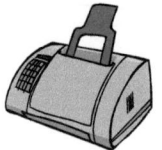
igwe fax
факс

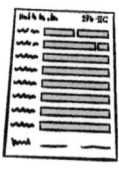
ụdị
формуляр

akwụkwọ
документ

ụlọ ọrụ - офис

akụnụba
экономика

zụta
покупать

kwuo ugwo
платить

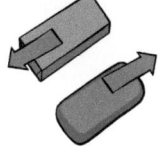
ahia
торговать

ego
деньги

ego ndi Amerika
доллар

ego ndi Eruopu
евро

ego ndi japanizi
иена

ego ndi Rusian
рубль

Switzerland franc
франк

renminbi yuan
жэньминьби юань

ego ndi Indian
рупия

ebe akwụmụgwọ
банкомат

ebe mgbanwe ego

пункт обмена валюты

ọla edo

золото

ọlaọcha

серебро

mmanụ

нефть

ume

энергия

ọnụahịa

цена

nkwekọrịta

договор

ụtụ

налог

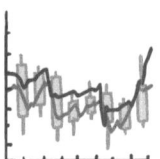

ngwaahịa

акция

ọrụ

работать

onye ọrụ

служащий

onye were gị n'ọrụ

работодатель

ụlọ ọrụ mmeputa ngwahia

фабрика

ụlọ ahịa

магазин

akụnụba - экономика

aka ọrụ
профессии

onye uwe ojii
милиционер

onye mmenyu oku
пожарный

esi nri
повар

dibia bekee
врач

ọkwọ ụgbọelu
пилот

onye na-elekọta ubi

садовник

ọkwa nkà

столяр

akwa nwanyị

швея

ọka ikpe

судья

kemist

химик

onye ome ihe nkiri

актёр

ọkwọ ụgbọ ala
водитель автобуса

ọkwọ ụgbọ ala
таксист

onye ọkụ azụ
рыбак

nwanyị nhicha
уборщица

roofer
кровельщик

onye na-ebu nri
официант

dinta
охотник

onye na-ese ihe
художник

onye osi ite
пекарь

onye ndozi ọkụ eletrik
электрик

onye na-ewu ụlọ
строитель

njinia
инженер

onye na-egbu anụ
мясник

plọmba
сантехник

onye ozi
почтальон

aka ọrụ - профессии

onye agha

солдат

onye na-ese ụkpụrụ ụlọ

архитектор

onye okwu ugwo

кассир

ore fulawa

флорист

onye na-edozi ntutu isi

парикмахер

kondokto

кондуктор

onye n'arụzi ụgbọala

механик

onyeisi

капитан

dibia bekee eze

зубной врач

ọkà mmụta sayensị

ученый

rabaị

раввин

imam

имам

mọnk

монах

ụkọchukwu

священник

aka ọrụ - профессии

ngwaọrụ
инструменты

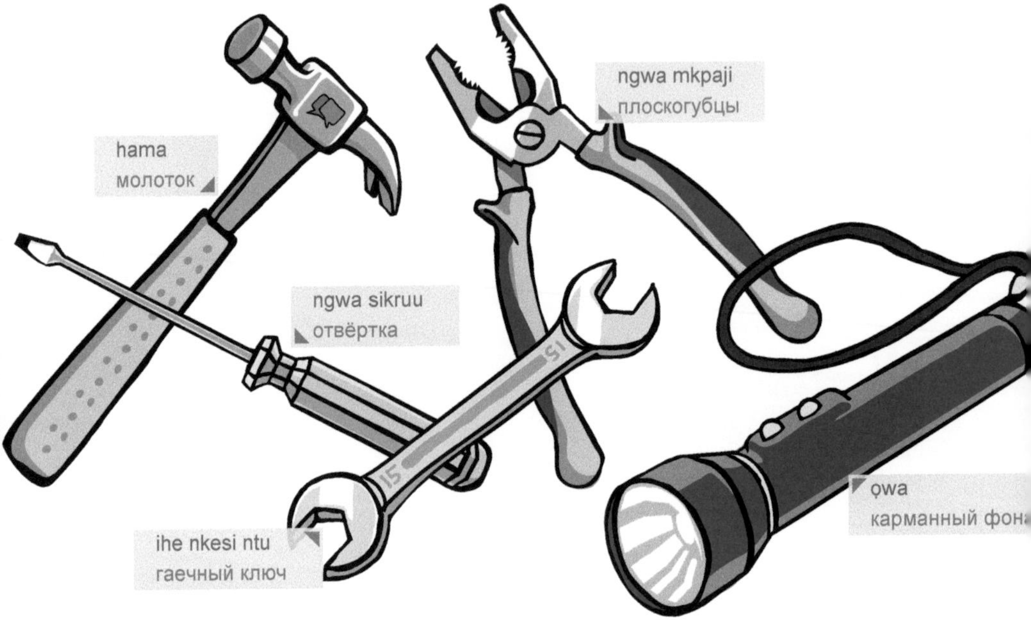

hama
молоток

ngwa mkpaji
плоскогубцы

ngwa sikruu
отвёртка

ihe nkesi ntu
гаечный ключ

ọwa
карманный фонарь

igwu ala

экскаватор

igbe ngwaọrụ

ящик для инструментов

ubube

стремянка

nkwọ

пила

mbọ

гвозди

igwe mkpọpu

дрель

mezie
ремонтировать

ihe eji egwu ala
лопата

Ụchụ!
Блин!

efere ájá
совок

ite agba
ведро с краской

ntu
винты

ngwa egwu
музыкальные инструменты

nkwuputa uda
громкоговоритель

ihe eji eme ihe
ударный инструмент

jita
гитара

okpukpu abụọ
контрабас

opi
труба

kiiboodu
пианино

violin
скрипка

bass
бас-гитара

timpani
литавры

igba
барабан

kiiboodu
синтезатор

sasofone
саксофон

ojà
флейта

igwe okwu
микрофон

ngwa egwu - музыкальные инструменты

zuu
зоопарк

ụzọ mbata — вход
agụ — тигр
ọnụ — клетка
ịnyịnya ọhịa — зебра
nri anụmanụ — корм
panda — панда

anụmanụ
животные

enyi
слон

kangaruu
кенгуру

rhino
носорог

ozodimgba
горилла

anụ ọhịa
медведь

kamel
верблюд

enyí nnụnụ
страус

ọdụm
лев

enwe
обезьяна

flamingo
фламинго

icheku
попугай

anụ ọhịa
белый медведь

nnunu mmiri
пингвин

akụm
акула

ekwuru ụlọ
павлин

agwo
змея

agụ iyi
крокодил

onye na-elekọta zuu
служитель зоопарка

mechie
тюлень

agu
ягуар

ịnyịnya

пони

agụ owuru

леопард

anụ ọhịa

бегемот

girraaf

жираф

ugo

орёл

ezi ọhịa

кабан

azụ

рыба

mbe

черепаха

anụ mmiri

морж

nkịta ọhịa

лиса

mgbada

газель

zuu - зоопарк

egwuregwu
спорт

egwuregwu - спорт

ihe omume
действия

ihe omume - действия

nwee
иметь

mee
делать

ịbụ
быть

guzoro
стоять

gbaa ọsọ
бежать

dọọ
тянуть

tufuo
бросать

daa
падать

ụgha
лежать

chere
ждать

buru
носить

nọdụ ala
сидеть

yi uwe
надевать

hie ụra
спать

kulie
просыпаться

ihe omume - действия

lee anya
рассматривать

tie mkpu
плакать

orịa strok
гладить

mbo
причесывать

kwuo
говорить

ighọta
понимать

jụọ
спрашивать

gee ntị
слушать

ihe ọnụnụ
пить

rie
кушать

dozie
наводить порядок

ịhụnanya
любить

isi nri
готовить

kwọọ
ехать

ofufe
летать

ụgbọ
ходить под парусом

gbakọọ
считать

gụọ
читать

na-amụta
учиться

ọrụ
работать

lụọ
вступать в брак

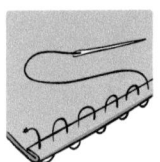
idu
шить

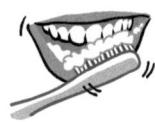
ahịhịa ezé
чистить зубы

gbue
убивать

anwụrụ ọkụ
курить

zipu
отправлять

ihe omume - действия

ezinụlọ
семья

nne nne — бабушка
nna nna — дедушка
nna — папа
nne — мама
nwa — младенец
nwa nwanyị — дочь
nwa nwoke — сын

ọbịa

гость

nwanne nne/nna

тетя

nwanne nna/nne

дядя

nwanne

брат

nwanne

сестра

ahụ
тело

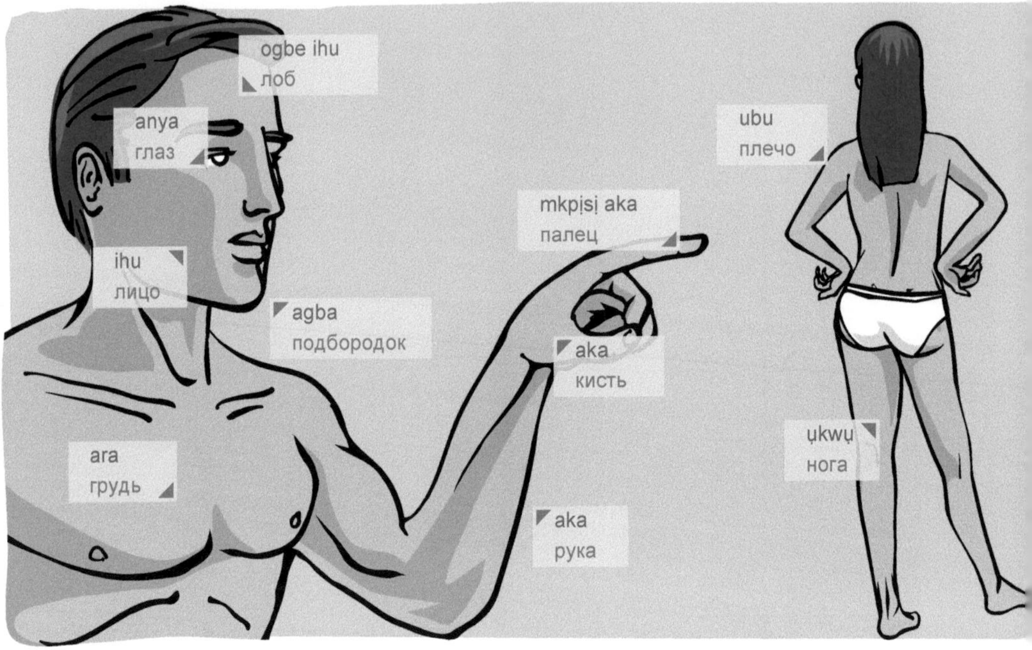

ogbe ihu — лоб
anya — глаз
ihu — лицо
agba — подбородок
ara — грудь
mkpịsị aka — палец
aka — кисть
aka — рука
ubu — плечо
ụkwụ — нога

nwa
младенец

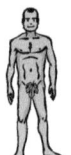

nwoke
мужчина

nwanyị
женщина

nwa nwanyị
девочка

nwa nwoke
мальчик

isi
голова

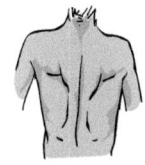	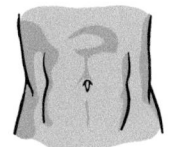	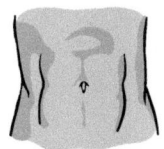
azu	afọ	otubo
спина	живот	пупок
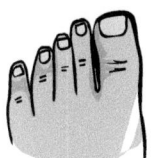	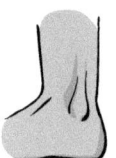	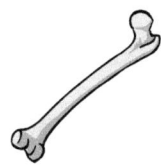
mkpisi ukwu	ikiri ụkwụ	ọkpụkpụ
палец ноги	пятка	кость
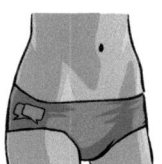	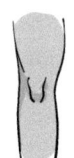	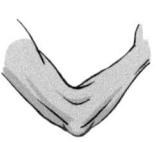
ukwu	ikpere	ikpere aka
бедро	колено	локоть
	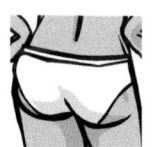	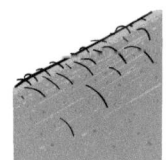
imi	ike	akpụ kpọ ahụ
нос	ягодицы	кожа
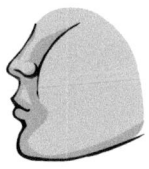	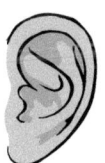	
nti	ntị	egbugbere ọnụ
щека	ухо	губа

ahụ - тело

ọnụ
рот

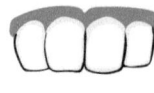
eze
зуб

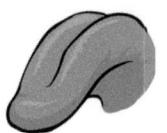
ire
язык

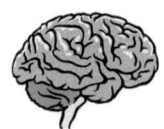
ụbụrụ
мозг

mkpụrụ obi
сердце

akwara
мышца

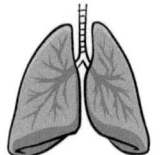
akpa ume
лёгкое

umeji
печень

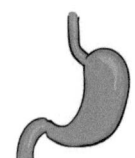
afọ
желудок

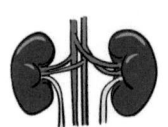
akụrụ
почки

mmekọahụ
половой акт

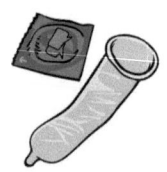
kondom
презерватив

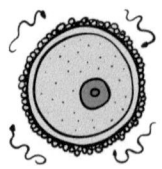
akwa nwanyị
яйцеклетка

ọbara ọcha
сперма

afọ ime
беременность

ahụ - тело

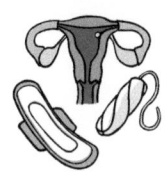

nsọ nwanyị

менструация

ọtụ

вагина

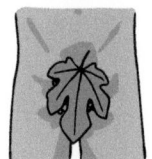

amụ

пенис

nku anya

бровь

ntutu

волосы

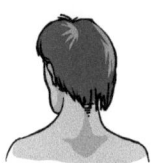

olu

шея

ahụ - тело

ụlọ ọgwụ
больница

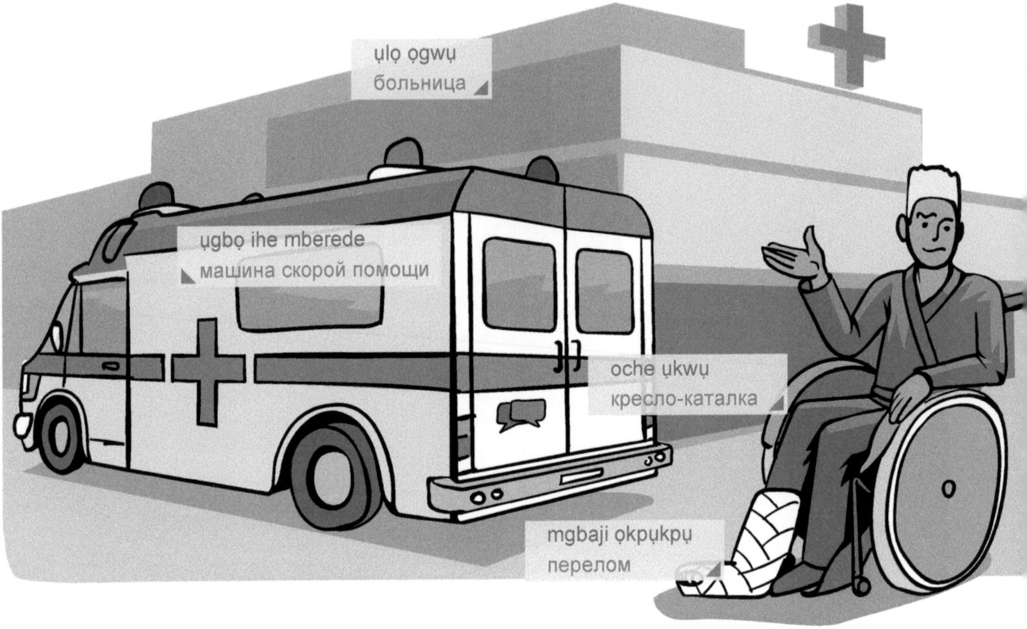

ụlọ ọgwụ
больница

ụgbọ ihe mberede
машина скорой помощи

oche ụkwụ
кресло-каталка

mgbaji ọkpụkpụ
перелом

dibia bekee

врач

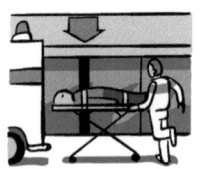

ụlọ mberede

пункт первой помощи

nọọsụ

медсестра

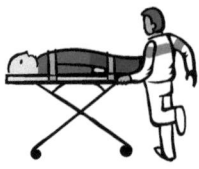

mberede

неотложный случай

amaghị ihe ọ bụla

без сознания

ụfụ

боль

mmerụ ahụ

повреждение

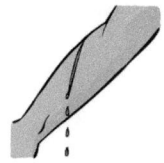

agba ọbara

кровотечение

obi nkolopu

инфаркт

ọrịa strok

инсульт

nke ahu anataghi

аллергия

ụkwara

кашель

ahụ ọkụ

повышенная температура

ọrịa flu

грипп

afọ ọsịsa

понос

isi ọwụwa

головная боль

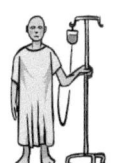

kansa

рак

ọrịa shuga

диабет

dọkịta na-awa ahu

хирург

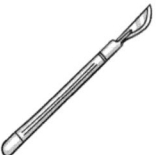

mma eji awa ahụ

скальпель

iwa ahụ

операция

CT
....
КТ

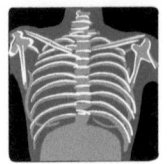

x-ree
....
рентген

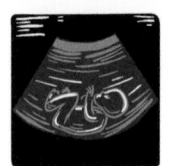

nyocha ime ahu
....
ультразвук

nkpuchi ihu
....
маска

ọria
....
болезнь

ebe nchekwa
....
приёмная

mkpara
....
костыль

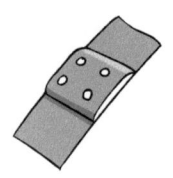

nnyachi
....
пластырь

bandeeji
....
бинт

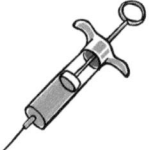

ọgwụ ọgbụgba
....
укол

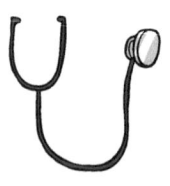

stetoskop
....
стетоскоп

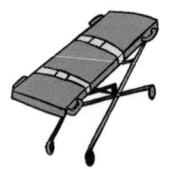

Igwe eji ibu mmadu
....
носилки

temometa ụlọgwụ
....
термометр

omumu
....
рождение

ibufe oke ibu
....
избыточный вес

ụlọ ọgwụ - больница

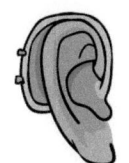

enyemaka ịnụ ihe

слуховой аппарат

mmiri ọgwụ nje

дезинфекционное средство

ọrịa nje

инфекция

nje

вирус

Ọrịa HIV/AIDS

ВИЧ / СПИД

ọgwụ

лекарство

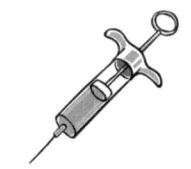

ịgba ọgwụ mgbochi ọrịa

прививка

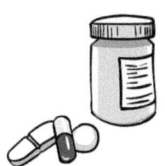

mkpụrụ ọgwụ

таблетки

mkpụrụ ọgwụ

противозачаточная таблетка

oku mberede

экстренный вызов

nyochaa ọbara mgbali

прибор для измерения кровяного давления

na-arịa ọrịa / ahụike

больной / здоровый

ụlọ ọgwụ - больница

mberede
неотложный случай

Nyerem aka!
Помогите!

oti mkpu
сигнал тревоги

wakpo
нападение

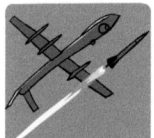
ọgụ
атака

ihe egwu
опасность

ụzọ ọpụpụ mberede
запасной выход

Ọkụ!
Пожар!

mmenyu ọkụ
огнетушитель

ọghọm
несчастный случай

akpa enyemaka mbụ
аптечка

SOS
SOS

ndị uwe ojii
милиция

Ụwa
земля

Europe

Европа

North Amerika

Северная Америка

South Amerika

Южная Америка

Africa

Африка

Eshia

Азия

Ọstrelia

Австралия

Atlantic

Атлантический океан

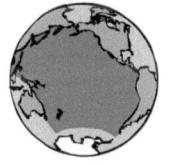

Pasifik

Тихий океан

Oke Osịmịrị Indian

Индийский океан

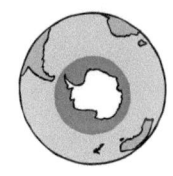

Oke Osimiri Antarctic

Антарктический океан

Oke Osimiri Arctic

Северный Ледовитый океан

Ebe Ugwu

Северный полюс

Ụwa - земля

Ebe Ọdịda anyanwu

Южный полюс

Antarctica

Антарктика

Ụwa

земля

ala

суша

oké osimiri

море

agwaetiti

остров

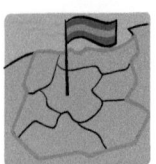

mba

нация

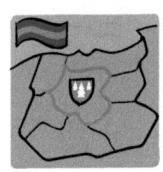

steeti

государство

Ụwa - земля

elekere
часы

ihu elekere
циферблат

aka awa
часовая стрелка

aka nkeji
минутная стрелка

ihe ejigoro
секундная стрелка

Kedu ihe na-akụ?
Который час?

ụbọchị
день

oge
время

ugbu a
сейчас

elekere dijitalụ
электронные часы

nkeji
минута

awa
час

izu
неделя

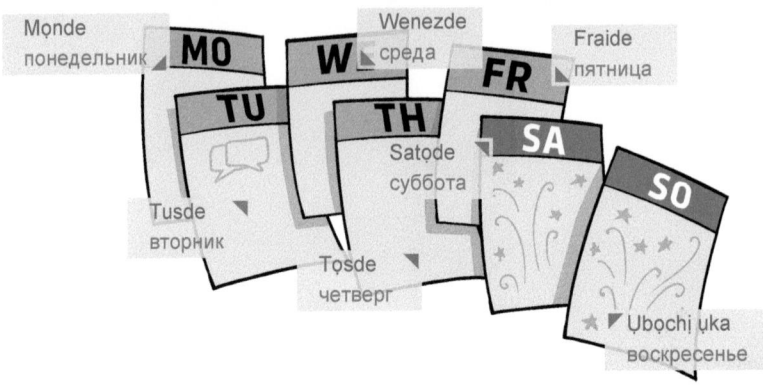

Monde — понедельник
Tusde — вторник
Wenezde — среда
Tosde — четверг
Fraide — пятница
Satode — суббота
Ụbọchị ụka — воскресенье

ụnyaahụ

вчера

taa

сегодня

echi

завтра

ụtụtụ

утро

ehihie

полдень

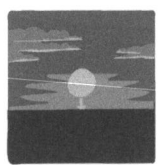

mgbede

вечер

ụbọchị azụmahịa

рабочие дни

izu ụka

выходные

afọ

год

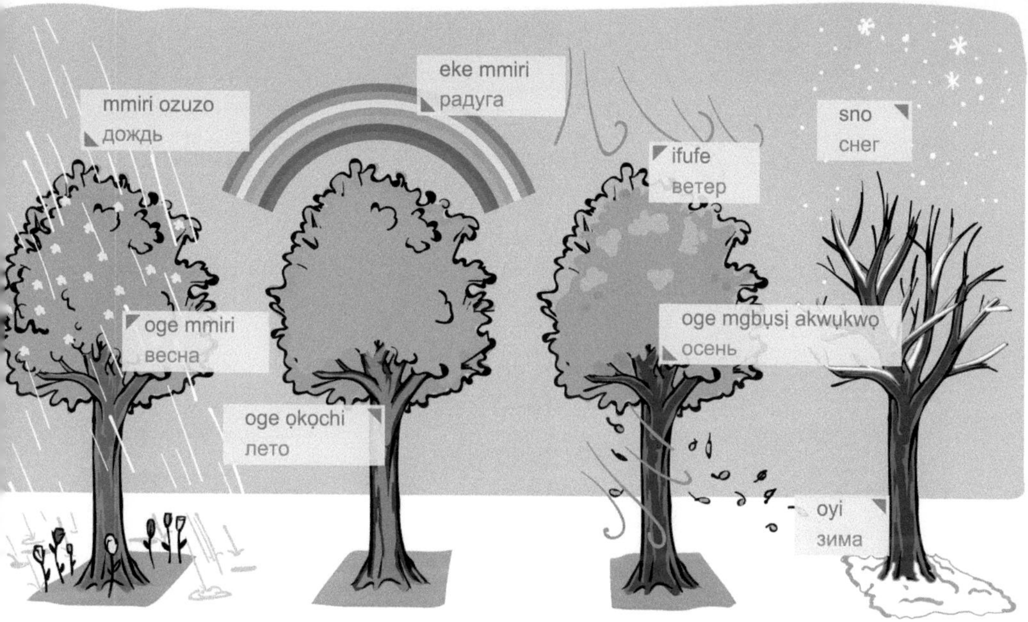

mmiri ozuzo
дождь
eke mmiri
радуга
sno
снег
ifufe
ветер
oge mmiri
весна
oge mgbụsị akwụkwọ
осень
oge ọkọchi
лето
oyi
зима

4.APRIL 11°
5.APRIL 4°
6.APRIL 13°
7.APRIL 8°
8.APRIL 10°

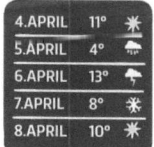

amụma ihu igwe

прогноз погоды

F
C
120
90
60
30
0
-30
40
30
20
10
0
-10
-20

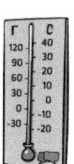

temometa

термометр

anwụ

солнечный свет

igwe ojii

туча

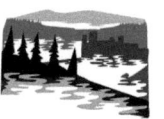

foogu

туман

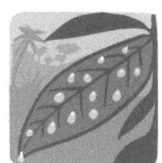

iru mmiri

влажность воздуха

àmụmà

молния

égbè eluigwe

гром

oké mmiri ozuzo

буря

aki mmiri

град

udu mmiri

муссон

ide mmiri

наводнение

aiz

лёд

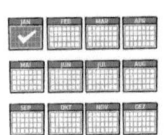

Jenụwarị

январь

Febụwarị

февраль

Machị

март

Eprel

апрель

Mee

май

June

июнь

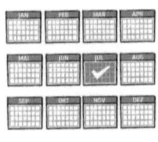

Julai

июль

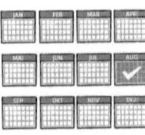

Ọgọst

август

afọ - год

Septemba

сентябрь

Oktọba

октябрь

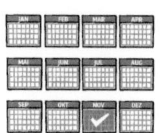

Nọvemba

ноябрь

Disemba

декабрь

ụdị
формы

okirikiri

круг

akuku anọ

квадрат

rektangulu

прямоугольник

akuku atọ

треугольник

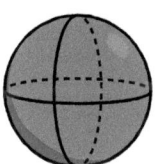

okirikiri

шар

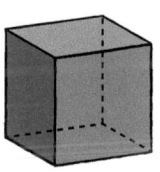

igbe

куб

na agba
цвета

acha ọcha

белый

acha edo edo

желтый

acha oroma

оранжевый

acha pink

розовый

acha uhie uhie

красный

acha odo odo

лиловый

acha anụnụ anụnụ

синий

acha akwụkwọ ndụ

зелёный

acha aja aja

коричневый

acha isi awọ

серый

eji oji

черный

mmegide
противоположности

otutu / ntakịrị

много / мало

iwe / juu

яростный / мирный

mara mma / jọrọ njọ

красивый / уродливый

mbido / njedebe

начало / конец

nnukwu / obere

большой / маленький

na-enwu / ọchịchịrị

светлый / тёмный

nwanne nwoke / nwanne nwanyị

брат / сестра

di ọcha / unyi

чистый / грязный

mezue / ezughi ezu

полный / неполный

ụbọchị / abalị

день / ночь

nwụrụ anwụ / dị ndụ

мёртвый / живой

obosara / warara

широкий / узкий

oriri / erighị
съедобный / несъедобный

ọjọọ / obiọma
злой / дружелюбный

obi ụtọ / nkịtị gwụrụ
взволнованный / скучающий

abụba / mkpa
толстый / худой

mbụ / ikpeazụ
сначала / в конце

enyị / iro
друг / враг

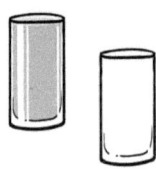
juru eju / efu
полный / пустой

ike / adụ
твёрдый / мягкий

arọ / mfe
тяжёлый / легкий

agụụ / akpịrị ịkpọ nkụ
голод / жажда

na-arịa ọrịa / ahụike
больной / здоровый

n'uzo na ezighi ezi / iwu
незаконный / законный

onye nwere ọgụgụ isi / onye nzuzu
умный / глупый

aka ekpe / aka nri
слева / справа

dị nso / tere anya
близко / далеко

ọhụrụ / jiri

новый / подержанный

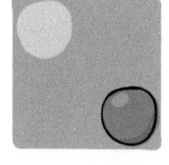

enweghi ihe / enwere ihe

ничто / нечто

agadi / nwata

старый / молодой

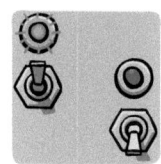

gbanye / gbanyụọ

включено / выключено

mepe / mechie

открыто / закрыто

jụụ / dara ụda

тихо / громко

ọgaranya / ogbenye

богатый / бедный

ziei ezi / ezighi ezi

правильный / неправильный

siri ike / larịị

шероховатый / гладкий

mwute / obi ụtọ

печальный / счастливый

mkpụmkpụ / ogologo

короткий / длинный

nwayọọ / ngwa ngwa

медленный / быстрый

dị mmiri / kpọrọ nkụ

мокрый / сухой

na-ekpo ọkụ / dị jụụ

тёплый / прохладный

agha / udo

война / мир

mmegide - противоположности

nọmba
цифры

0 efu — ноль

1 otu — один

2 abụo — два

3 atọ — три

4 anọ — четыре

5 ise — пять

6 isii — шесть

7 asaa — семь

8 asatọ — восемь

9 itolu — девять

10 iri — десять

11 iri na otu — одиннадцать

12
iri na abụọ
двенадцать

13
iri na atọ
тринадцать

14
iri na anọ
четырнадцать

15
iri na ise
пятнадцать

16
iri na isii
шестнадцать

17
iri na asaa
семнадцать

18
iri na asatọ
восемнадцать

19
iri na itoolu
девятнадцать

20
iri abụọ
двадцать

100
narị
сто

1.000
puku
тысяча

1.000.000
nde
миллион

nọmba - цифры

asụsụ
языки

Bekee

английский

Asụsụ Bekee

американский английский

Asụsụ ndị China

мандаринский китайский

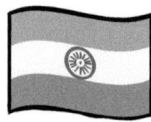

Asụsụ ndị Hindi

хинди

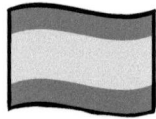

Asụsụ ndị Spain

испанский

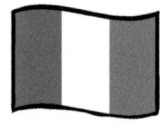

Asụsụ ndị France

французский

Asụsụ ndị Arab

арабский

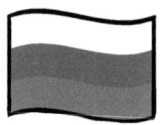

Asụsụ ndị Russia

русский

Asụsụ ndị Portugal

португальский

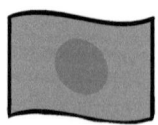

Asụsụ ndị Bengal

бенгальский

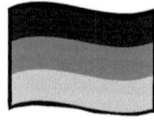

Asụsụ ndị German

немецкий

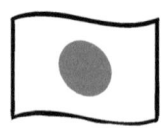

Asụsụ ndị Japan

японский

onye / ihe / olee
кто / что / как

M
я

gị
ты

ya / ya / ya
он / она / оно

anyị
мы

gị
вы

ha
они

onye?
кто?

gịnị?
что?

kedu?
как?

ebe?
где?

mgbe ole?
когда?

aha
имя

ebee
где

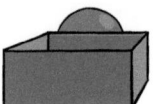

n'azụ

за

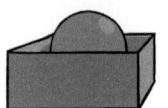

n'ime

в

n'ihu

перед

gafee

над

na

на

n'okpuru

под

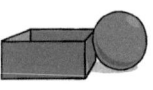

n'akụkụ

рядом

n'etiti

между

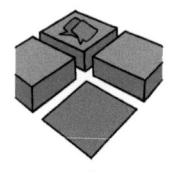

ebe

место